Diario De Trabajo de la Sombra

37 Días de Sugerencias y Ejercicios Guiados para El Autodescubrimiento, Los Disparadores Emocionales, La Sanación Del Niño Interior y El Crecimiento Auténtico

This Book Belongs To

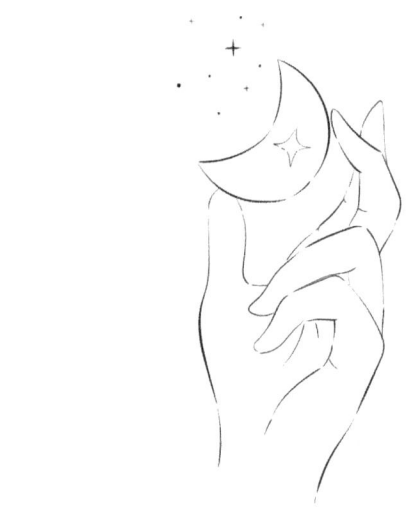

_____

_____

Índice

4 Libros GRATIS

Para ayudarte en tu viaje espiritual, he creado 4 eBooks gratuitos.

Puedes obtener acceso instantáneo e ellos suscribiéndote a mi boletín de noticias a través del correo electrónico que te daré a continuación.

Además de los 4 libros gratuitos, también recibirás consejos semanales junto con regalos de libros, descuentos y mucho más.

Todas estas bonificaciones son 100% gratuitas y sin compromiso. No necesitas proporcionar ninguna información personal excepto tu dirección de correo electrónico.

Para obtener tu bono, ve a:

https://dreamlifepress.com/four-free-gifts

O escanea el siguiente código QR

Guías Espirituales Para Principiantes: Cómo Escuchar la Llamada del Universo y Comunicarte con tus Guías Espirituales y Ángeles Guardianes

Con la guía de la propia Moon, inspirada en sus propias experiencias y en los conocimientos que han sido transmitidos por cientos de generaciones durante miles de años, descubrirás todo lo que necesitas saber para:

- Entender qué es la llamada del universo
- Cómo escucharla y comprenderla
- Saber quiénes y qué son tus guías espirituales y ángeles de la guarda
- Aprender a conectar, iniciar una conversación y escuchar a tus guías
- Cómo manifestar tus sueños con la ayuda de la fuentc cósmica
- Aprender cómo empezar a vivir la vida que quieres vivir
- Y mucho más...

La Ley de la Atracción: Manifiesta tu Deseo

Aprende a aprovechar el poder infinito del universo y a manifestar todo lo que quieres en la vida.

Incluye:

- La Ley de la Atracción: Manifiesta tu deseo ebook
- Libro de trabajo de la Ley de la Atracción
- Hojas de trucos y listas de control para asegurarte de que estás en el camino correcto

Libro De Hechizos Hoodoo Para Principiantes: Hechizos Fáciles Y Eficaces De Enraizamiento, Conjuro Y Protección Para La Curación Y La Prosperidad

Aprovecha el poder de una de las más grandes magias. El Hoodoo es una fuerza poderosa ideal para alejar la negatividad, promover la positividad en todas las áreas de tu vida, ofrecer protección a todo lo que amas y, en definitiva, tomar el control de tu destino.

En su interior, descubrirás:

- Cómo empezar a utilizar el Hoodoo en tu día a día
- Cómo utilizar los conjuros para manifestar la vida que quieres vivir
- Cómo los hechizos de protección pueden ayudarte a soportar los momentos más difíciles
- Cómo romper con los ciclos de mala suerte y promover la buena fortuna a lo largo de tu vida
- Hoodoo para fomentar la prosperidad y la estabilidad financiera
- Cómo curar traumas y problemas usando la magia Hoodoo, tanto a corto como a largo plazo
- Eliminar maldiciones y desterrar el dolor, el sufrimiento y la negatividad de tu vida
- Y mucho más...

El Libro De Las Sombras

Un PDF imprimible para apoyarte en tu transformación espiritual.

Dentro de sus páginas encontrarás:

- Una Hoja de seguimiento de pociones y tinturas
- Un registro de aceites esenciales
- Registro de hierbas
- Lista de control de rituales mágicos y objetivos corporales espirituales
- Hojas de lectura del Tarot
- Seguimiento semanal de la luna y los ciclos planetarios
- Y mucho más

Consigue todos los recursos GRATIS visitando el siguiente enlace
https://dreamlifepress.com/four-free-gifts

Introducción

Para ser honesta, este debía ser otro tipo de diario. La idea inicial de este libro era centrarse en lo que te hace sentir incómodo y en cómo sacarte de esa zona.

Pero, de pronto, fui invitada a una fiesta en el patio trasero de una parrilla en la casa de mi amigo, donde me pasé unos buenos diez minutos observando a su hijo de un año de edad intentando atrapar su sombra. Como un perro que se persigue la cola sin descanso, estaba haciendo círculos al sol, sintiéndose frustrado por no poder tocar algo que podía ver claramente.

La historia terminó con un grito agudo y la caída de su helado, pero dejemos esa historia para otra conversación sobre "cómo hacer que los niños pequeños presten atención". Lo que ese niño hizo bajo el sol, me hizo pensar en nuestra sombra y dio a este diario un nuevo significado.

Nuestra sombra siempre está detrás de nosotros. No importa en qué lugar del mundo te encuentres, si iluminas tu figura física, verás cómo se proyecta una sombra. Pero ¿sabes que también hay una sombra dentro de ti?

Todos escondemos dentro un lado más oscuro. Quizás aún no seas consciente de él, tal vez lo reprimas porque te produce incomodidad, sin embargo, está ahí dentro. Incrustado en tu psique, a la espera de salir y sacar lo peor de ti.

Este diario no solo te ayudará a profundizar y a reconocer su presencia, sino que además lo desafiará de forma que puedas trabajar en las cosas que te incomodan y que quizás te causen dolor.

Gracias a estas indicaciones para el trabajo con la sombra, podrás ponerte en contacto con esa parte de tu subconsciente que llevas tanto tiempo reprimiendo y darte la oportunidad de liberarte de los grilletes de tu oscuridad interior.

Lo único que tienes que hacer es responder con honestidad, y quién eres de verdad te ayudará a llegar a quién quieres ser realmente.

Tu Yo Más Oscuro

"Todo el mundo lleva una sombra, y cuanto menos se encarna en la vida consciente del individuo, más negra y densa es" - Carl Jung

Al crecer, con cada acto que realizamos y cada decisión que tomamos, añadimos poco a poco piezas del rompecabezas que forma nuestra personalidad. Y, a lo largo de este proceso, descubrimos que hay partes de nuestro comportamiento que son mejores que otras.

Esas partes de nuestra personalidad consideradas buenas, son entonces recompensadas y festejadas por nuestros padres, tutores, profesores... Puede ser un gesto de bondad, la capacidad de resolver problemas o demostrar predisposiciones artísticas. Una vez aprendidos nuestros rasgos, los exhibimos con orgullo para que los vean los demás.

Aquello por lo que, cuando éramos niños, quizás nos regañaban, castigaban o criticaban, lo asociamos con un mal comportamiento. Puede ser nuestra ira, nuestra tristeza, nuestra impulsividad o incluso nuestra sexualidad. Estas son las partes de nuestra persona que negamos o de las que tal vez nos avergonzamos. Son aquellas que ponemos en una caja fuerte en su interior, abandonándolas para siempre.

Esto puede parecer algo bueno. Después de todo, ¿quién querría mostrar a los demás que perder una sola mano de póquer hace que dé la vuelta a la mesa y pegue un puñetazo a la pared? Pero ahí está el truco. Mientras más reprimas tus sentimientos para ocultar el miedo, la vergüenza, el dolor o la ansiedad, más fuerte volverán. Imagina que presionas un balón inflado bajo el agua. Cuanto más presiones, más rápidamente se te escapará de las manos y se girará hacia los lados.

Entonces, ¿qué lugar ocupa la sombra en todo esto? De acuerdo con Carl Jung, esa sombra interior está formada por todas las cosas que rechazas de ti mismo. Todos los sentimientos

que se revuelven en tu interior pero que no dejas salir. Desde no me afecta que mi ex pareja siga adelante a no me importa masticar con la boca abierta, pasando por todo tipo de delirios.

Conocer A Tu Sombra

Tu sombra, al igual que todas las sombras, te acompaña a cada paso del camino. Sabe que está ahí, y serás capaz de sacarle partido a tus miedos e inseguridades para tener una vida emocionalmente sana. Si miras hacia otro lado e ignoras su presencia, se volverá contra ti.

Porque el asunto es el siguiente. La sombra no necesita de tu conciencia para operar. Lo puede hacer fácilmente sin que seas plenamente consciente de ello. ¿Recuerdas "El club de la pelea"? Edward Norton encarna a un personaje que vive su vida en la negación. Es exitoso en términos de una linda casa y un trabajo que paga las cuentas, pero falta una gran parte dentro de él. Está viviendo su vida en un estado de niebla, y nunca está completamente presente. Al final, forma un alter ego (Brad Pitt) que posee todos los deseos reprimidos y los rasgos que Edward Norton no podía reconocer. En este caso, Brad Pitt es la sombra de Edward Norton. Y finalmente, la sombra termina casi matando al yo consciente.

Todos llevamos una sombra dentro. Simplemente ajustamos la forma de satisfacer lo que necesitamos para adaptarnos a nuestro entorno. Todo aquello que antes era desalentador o inaceptable, ahora se encuentra amontonado en nuestro interior causándonos dolor. ¿Por qué? Porque no somos conscientes de la razón de nuestro dolor.

Y, según las sabias palabras de Jung, jamás podrás estar físicamente completo si no te permites ser imperfecto, al igual que no hay luz sin sombra.

Trabajo con sombra y por qué lo necesitas

Entonces, ¿cómo me libero de esta sombra?, se preguntarán algunos. Bueno, ¡no lo haces! Tampoco deberías querer hacerlo. El reconocimiento de la presencia de tu sombra no debería tratarse de hacerla desaparecer, sino de aceptar por qué estás pasando por lo que estás pasando.

Tu sombra puede presentarse en forma de arrebatos de ira, expresiones negativas sobre ti mismo, tristeza, depresión, miedo u otras acciones de auto sabotaje. Y la única forma de superar estos sentimientos autodestructivos es comprender por qué salieron a la superficie en primer lugar.

El trabajo con la sombra consiste en arrastrar tu yo inconsciente (pensamientos y emociones reprimidos) a tu conciencia. Se trata de lo que las mentes más psicoanalíticas, como Jung y Freud, consideraban la prioridad número uno para estar psicológicamente sano.

Realizar trabajo con la sombra puede ayudarte a:

- Ser más intuitivo
- Aceptar tus fortalezas
- Trabajar en tus debilidades
- Encontrar un mayor propósito en la vida
- Encontrar el significado de las cosas más pequeñas
- Potenciarte a ti mismo
- Mejorar la confianza que tienes
- Conseguir la libertad psicológica

.

Este trabajo se suele enfocar de forma socrática. Esto significa que la mejor manera de explorar las cosas que empujan hacia el interior es responder a preguntas objetivas de la manera más subjetiva posible. Necesitarás volver al pasado, replantearte viejas acciones, revisar historias y, básicamente, escarbar algunos huesos.

No solamente será un reto, sino que a veces se sentirá muy incómodo. Así que, por favor, cuando respondas a las preguntas de este libro de trabajo, trata de no fingir tus respuestas o tus emociones. Recuerda que estas son TUS preguntas y serán escritas y leídas únicamente por TI MISMO. Si no quieres compartir tus pensamientos con otra persona, no es necesario que lo hagas. No se trata de eso. La cuestión es que seas sincero contigo mismo, pues es la única manera de que entiendas lo que la sombra que tienes está causando a tu ser consciente.

A causa de la cantidad de incomodidad que puedes experimentar a lo largo del camino, sugiero ampliamente que tomes esto de a una pregunta a la vez. Contesta una pregunta al día, y en sólo treinta y siete días, soltarás el dolor y empezarás a juzgar menos tus acciones.

D	M	Y

Día 1
Los sentimientos ocultos

Piensa en un momento en el que estar cerca de alguien te haya hecho sentir incómodo. Ya sabes, esos momentos en los que te esfuerzas por no mostrar tus emociones, pero por dentro estallas sin saber siquiera por qué. Escribe el nombre de la persona y explica la situación en la que te encontrabas. Habla de los sentimientos que estabas experimentando. Por último, enumera tres posibles razones que creas que te hicieron sentir así.

_____

_____

_____

_____

_____

_____

_____

_____

_____

_____

"Lo que te hace sentir incómodo es tu mayor oportunidad de crecimiento" -
Bryant McGill

Día 2
El botón mental de borrar

¿Hay algo en tu memoria que te gustaría olvidar? Imagínate que tienes un botón de "borrar" en tu cerebro, y que puedes eliminar un solo recuerdo de él. ¿Qué elegirías? ¿Qué recuerdo te causa más dolor? Escribe aquí sobre ese recuerdo y explica los sentimientos que te genera. Al final, escribe cómo crees que te sentirías si ese recuerdo no existiera nunca.

_____

_____

_____

_____

_____

_____

_____

_____

_____

_____

_____

_____

_____

_____

_____

_____

_____

_____

_____

_____

_____

_____

_____

_____

_____

_____

_____

_____

_____

"No se puede ni se debe intentar borrar el pasado solo porque no encaja en el presente" - Golda Meir

Día 3

La carta a tu yo infantil

Si pudieras volver al pasado y enfrentarte a tu yo infantil, ¿qué consejo le hubieras dado a aquella versión joven de ti mismo? Escribe todas las cosas que te hubiera gustado saber cuándo eras niño. No olvides mencionar las cosas que te causaron dolor y tristeza. Ahora léelo en voz alta. ¿Podrías utilizar alguno de esos consejos hoy en día?

_____

_____

_____

_____

_____

_____

_____

_____

_____

_____

_____

_____

_____

_____

_____

_____

_____

_____

_____

_____

_____

_____

_____

_____

_____

_____

_____

_____

_____

"Si no podemos alterar el tiempo de los acontecimientos, al menos podemos estar cerca con toallas para limpiar" - Peter David

D	M	Y

Día 4

El yo ofendido

Piensa en una ocasión en la que te hayas sentido muy ofendido. ¿Quién te ofendió? ¿Qué palabras usaron? ¿Cómo te hizo sentir eso? Cuenta la situación con detalle, pero intenta centrarte más en las emociones implicadas en el proceso. ¿La persona estaba molesta? ¿Asustada? ¿Cuál fue tu reacción?

_____

_____

_____

_____

_____

_____

_____

_____

_____

_____

_____

_____

_____

_____

_____

_____

_____

_____

_____

_____

_____

_____

_____

_____

_____

_____

_____

_____

_____

"La sensación de sentirse ofendido es un indicador de alarma que te está mostrando dónde buscar dentro de ti los problemas no resueltos" - Bryant McGill

Día 5

Las relaciones tóxicas

¿Todas las relaciones de tu vida son buenas? De ser así, ¿has tenido alguna vez una relación tóxica? Trata de explicar algunos aspectos negativos de tu relación con alguien en tu vida, sea una pareja, un amigo o incluso un familiar. ¿Cómo te hace o hizo sentir estar con esa persona? ¿Qué es/era lo más tóxico de esa relación?

_____

_____

_____

_____

_____

_____

_____

_____

_____

_____

_____

_____

_____

_____

_____

_____

_____

_____

_____

_____

_____

_____

_____

_____

_____

_____

_____

_____

_____

"No debes prenderte fuego para mantener a los demás con calor" - Desconocido

Día 6

Los mayores miedos

Todos tenemos miedo de algo, simplemente tenemos que darnos cuenta de lo que es para poder resolverlo y finalmente enfrentarlo. ¿A qué le temes? Trata de pensar en las tres cosas que más te asustan en la vida. Escríbelas. ¿Por qué te dan miedo? ¿Qué tipo de emociones acarrean estas cosas?

_____

_____

_____

_____

_____

_____

_____

_____

_____

_____

_____

_____

_____

_____

_____

_____

_____

_____

_____

_____

_____

_____

_____

_____

_____

_____

_____

_____

_____

"La valentía es no tener miedo a tener miedo" - Marie Colvin

D	M	Y

Día 7

La máscara

¿Alguna vez has sentido que estabas actuando en contra de tus emociones? ¿Tomas otra personalidad cuando estás cerca de una determinada persona? ¿Quién eres tú cuando eres otra persona? Considera por qué lo haces. ¿Es para impresionar a alguien? ¿Para disimular tu falta de confianza? ¿Falta de conocimiento? ¿Qué crees que pasaría si mostraras tu verdadera personalidad? ¿Cómo te hace sentir por dentro el actuar de forma diferente?

_____

_____

_____

_____

_____

_____

_____

_____

_____

_____

_____

_____

_____

_____

_____

_____

_____

_____

_____

_____

_____

_____

_____

_____

_____

_____

_____

_____

_____

_____

"Aprende a quererte tanto como quieres que te quieran" - Desconocido

Día 8

La vergüenza

¿De qué te avergüenzas más? Busca en lo más profundo y trata de incluir todos los detalles posibles. Imagínate una situación determinada en la que te sientas avergonzado. ¿Podrías explicarla? En caso de que no se te ocurra nada concreto, recuerda un momento en el que te hayas sentido abochornado. ¿Qué te hizo sentir así? ¿Cómo afrontaste la vergüenza? ¿Cómo reaccionaste?

_____

_____

_____

_____

_____

_____

_____

_____

_____

_____

_____

———————————————————————————

———————————————————————————

———————————————————————————

———————————————————————————

———————————————————————————

———————————————————————————

———————————————————————————

———————————————————————————

———————————————————————————

———————————————————————————

———————————————————————————

———————————————————————————

———————————————————————————

———————————————————————————

———————————————————————————

———————————————————————————

———————————————————————————

———————————————————————————

"Deja de avergonzarte de las veces que caíste, y empieza a estar orgulloso de las veces que te has levantado" - Desconocido

D	M	Y

Día 9

Los rasgos negativos

¿Cómo no querrías que te describieran? ¿Cuáles son los peores rasgos posibles que se te ocurren? No te limites simplemente a enumerar las características negativas, sino que menciona las que corresponden a tu personalidad. Por ejemplo, si te pelearas con tu pareja por no querer participar en actividades que le interesan, es posible que el peor atributo que te asigne sea "egoísta". Explica cómo te hacen sentir estos rasgos negativos. ¿Te parecería terrible que alguien te llamara así?

_____

_____

_____

_____

_____

_____

_____

_____

_____

_____

_____

_____

_____

_____

_____

_____

_____

_____

_____

_____

_____

_____

_____

_____

_____

_____

_____

_____

"Las palabras maliciosas pueden herir tus sentimientos, pero el silencio rompe tu corazón" - C. S. Lewis

Día 10

La comparación

Piensa en cómo te ves a ti mismo en comparación con otras personas. ¿Crees que eres menos digno? ¿Te sientes igual? O ¿crees que eres de cierta manera superior? Añade un por qué a esa pregunta y responde a lo que te hace sentir así. Además, trata de nombrar a las personas que te hacen sentir menos digno o inferior. ¿Por qué crees que es así? Analiza esto en detalle.

_____

_____

_____

_____

_____

_____

_____

_____

_____

_____

_____

_____

_____

_____

_____

_____

_____

_____

_____

_____

_____

_____

_____

_____

_____

_____

_____

_____

_____

"Muchas de las dudas e incertidumbres en nuestras vidas provienen de no saber que somos dignos" - Desconocido

Día 11

El disparador

¿Cuándo fue la última vez que perdiste la calma? ¿Cuándo fue la última vez que deseaste perder el control? ¿Por qué? ¿Qué es lo que te hace tener esas emociones tan fuertes? Explica detalladamente estas situaciones y reflexiona sobre ellas. ¿Qué diferencia hay entre ambas? ¿En qué momento te sientes libre para permitirte expresar tus sentimientos y en qué ocasiones crees que debes reprimir todo lo que llevas dentro?

_____

_____

_____

_____

_____

_____

_____

_____

_____

_____

"Los disparadores son sentimientos no resueltos que nos hacen reaccionar de forma exagerada" - Desconocido

Día 12

El mal hábito

¿Tienes algún mal hábito? ¿Por qué son malos? ¿Entorpecen otros aspectos de tu vida? ¿Otras personas reconocieron algunos de estos hábitos? ¿Cómo se sienten al respecto? ¿Cómo te hace sentir a ti? Sé concreto sobre los hábitos que crees que son destructivos y sobre el impacto que esas acciones tienen en tu vida.

_____

_____

_____

_____

_____

_____

_____

_____

_____

_____

_____

_____

_____

_____

_____

_____

_____

_____

_____

_____

_____

_____

_____

_____

_____

_____

_____

_____

_____

"La verdad es que no se rompe un mal hábito; se sustituye por uno nuevo" -
Denis Waitley

Día 13

El juez que controla

¿Dirías que eres una persona prejuiciosa? ¿Cuándo fue la última vez que juzgaste a alguien? ¿Dejaste que esa persona conociera tus pensamientos o sencillamente enterraste esos sentimientos en tu interior? ¿Qué estabas juzgando? En caso de que no puedas pensar en un ejemplo concreto, invéntalo. Añade una situación hipotética en la que alguien se comporte de una manera que tú juzgarías.

_____

_____

_____

_____

_____

_____

_____

_____

_____

_____

_____

_____

_____

_____

_____

_____

_____

_____

_____

_____

_____

_____

_____

_____

_____

_____

_____

"Si juzgamos a los demás, es porque estamos juzgando algo en nosotros mismos de lo que no somos conscientes" - John A. Sanford

Día 14

El sentimiento inexplicable

¿Te pasó alguna vez que no pudiste soportar las acciones/comportamiento de alguien, pero no sabías exactamente por qué? Cuando no sabemos el motivo por el que el comportamiento de los demás nos saca de quicio, es debido a que es un puro reflejo de las emociones que estamos reprimiendo. Puede que, por ejemplo, tu amigo arrogante te saque de quicio porque en tu interior te odias por no ser capaz de tener confianza en ti mismo. Explica una situación determinada y dedica un tiempo a intentar descifrar lo que significa. ¿Por qué experimentas esos sentimientos extraños y perturbadores hacia esa persona? Puede ayudarte escribir algunos de estos rasgos y analizarlos.

_____

_____

_____

_____

_____

_____

_____

_____

_____

_____

_____

_____

_____

_____

_____

_____

_____

_____

_____

_____

_____

_____

_____

_____

_____

_____

_____

_____

"Todas las emociones reprimidas y los deseos subconscientes conducen con el tiempo a algún tipo de colapso psicológico o fisiológico, si se mantienen sin control" - Abhijit Naskar

Día 15

Los valores

¿Cuáles son las cosas más valiosas para ti? ¿Qué es lo que más aprecias en esta vida? Escríbelo y explica por qué. Ahora, reflexiona sobre las personas que no comparten los mismos valores que tú en la vida. ¿Podrías pensar en una experiencia relacionada? Por ejemplo, si eres un adicto al trabajo, puede ser tu pareja/amigo con poca ética laboral. ¿Cómo te sientes al respecto?

_____

_____

_____

_____

_____

_____

_____

_____

_____

_____

"No es difícil tomar decisiones cuando sabes cuáles son tus valores" - Roy Disney

Día 16

Los padres

Piensa por un segundo en tus padres o en las personas que te cuidaron. Escribe las cosas que te gustan de ellos. Ahora, piensa en todos los rasgos de su carácter que no te parezcan tan positivos. ¿De qué manera estos atributos de su personalidad influyeron en tu infancia y en tu vida en general? Por ejemplo, si tu madre siempre fue poco organizada, eso podría tener que ver con que nunca aprendieras a gestionar tu tiempo. ¿Crees que estos atributos contribuyen directamente a algunos de tus propios rasgos negativos? ¿Cómo te hace sentir eso?

_____

_____

_____

_____

_____

_____

_____

_____

_____

_____

_____

_____

_____

_____

_____

_____

_____

_____

_____

_____

_____

_____

_____

_____

_____

_____

_____

_____

"No hay padres perfectos ni hijos perfectos. Pero hay muchos momentos perfectos en el camino" - Dave Willis

Día 17

La acción

¿Existe alguna cosa que deberías hacer pero que no haces? ¿Qué te impide realizar esa acción? Escríbelo. ¿Es algo que puedes cambiar? Si es así, ¿por qué no lo estás haciendo? Enumera todas las razones, sin importar lo aterradoras o incómodas que puedan parecer.

_____

_____

_____

_____

_____

_____

_____

_____

_____

_____

_____

_____

_____

_____

_____

_____

_____

_____

_____

_____

_____

_____

_____

_____

_____

_____

_____

_____

_____

"El único viaje imposible es el que nunca se empieza" - Tony Robbins

D	M	Y

Día 18

La víctima

Todos fuimos objeto de una burla en algún momento de nuestras vidas. Podemos ser víctimas de una broma o una ridiculización en público, o hasta de algo tan grave como el maltrato físico. ¿Cuál es el peor momento de tu vida en el que hayas sido la víctima? Sin importar lo doloroso que sea, escríbelo. Explica tus sentimientos. Que este papel sienta que estás herido. Con cada palabra escrita, imagínate que los grilletes del sufrimiento se aflojan. Al final de la página, escribe estas palabras: AHORA ESTOY A SALVO - AHORA SOY LIBRE.

_____

_____

_____

_____

_____

_____

_____

_____

_____

_____

_____

_____

_____

_____

_____

_____

_____

_____

"Cada cicatriz que tienes es un recordatorio no sólo de que te hirieron, sino de que sobreviviste" - Michelle Obama

Día 19

Las cosas que hice

Todos podemos escribir listas de cosas que desearíamos haber hecho de forma diferente. Pero, ¿qué cosas de esa lista tendrían realmente sentido para ti? Piensa en lo peor que hiciste en tu vida. ¿Cuándo ocurrió y dónde? ¿Quién estaba contigo? ¿A quién se lo hiciste? ¿Cómo te sentiste después de hacerlo? ¿Qué emociones te surgen ahora, mientras escribes sobre ello?

_____

_____

_____

_____

_____

_____

_____

_____

_____

_____

_____

_____

_____

_____

_____

_____

_____

_____

_____

_____

_____

_____

_____

_____

_____

_____

_____

_____

_____

_____

"Eres mucho más que la peor cosa que has hecho" - Greg Boyle

D	M	Y

Día 20

El espejo en la pared

Para este ejercicio, te sugiero que tomes un espejo. Colócate frente a él y mira tu reflejo durante unos minutos. Durante ese tiempo, permítete sentir y ser tú mismo. No pienses en nada en particular. No trates de responder a preguntas internas. Simplemente observa. Si un pensamiento aparece en tu cabeza, reconócelo y déjalo ir. No te compliques. Solo siente. A continuación, deja el espejo y escribe cómo te sientes por dentro. No digas simplemente "triste", sino que explica qué crees que desencadenó esa emoción. ¿Por qué? Aunque no puedas ver a tu yo oscuro en un espejo, esto puede ser un gran ejercicio para que entiendas cómo se siente tu "yo más oscuro".

_____

_____

_____

_____

_____

_____

_____

_____

_____

_____

_____

_____

_____

_____

_____

_____

_____

_____

_____

_____

_____

_____

_____

_____

_____

_____

_____

_____

_____

_____

"Sé siempre fiel a tus sentimientos porque cuanto más niegues lo que sientes, más fuerte se vuelve" - Desconocido

Día 21

El arrepentimiento

¿Cuál es tu mayor arrepentimiento? No pienses únicamente en las cosas que quisieras cambiar; concéntrate también en las que tú mismo provocaste. Por ejemplo, no aceptar ese trabajo en el extranjero tenía sentido en su momento, aunque ahora te carcome por dentro. Reflexiona sobre lo que sientes como tu mayor arrepentimiento. ¿Por qué? ¿Qué sentirías si en ese momento hubieras tomado una decisión diferente? ¿Piensas que serías más feliz y estarías más contento en este momento? Explica por qué. Ahora revisa esa lista de "porqués". ¿Hay alguna otra forma de conseguirlo?

_____

_____

_____

_____

_____

_____

_____

_____

_____

_____

_____

_____

_____

_____

_____

_____

_____

_____

_____

_____

_____

_____

_____

_____

_____

_____

_____

_____

_____

_____

"Nunca hay que arrepentirse de nada en la vida. Si es bueno, es maravilloso. Si es malo, es una experiencia" - Desconocido

Día 22

La decepción

Piensa en las veces que te sentiste decepcionado por un ser querido. ¿Cuándo fue esto? ¿Cómo te sentiste en ese momento? ¿Cómo te sientes ahora? En caso de que siga siendo igual de fuerte e hiriente, ¿por qué? ¿Por qué crees que no puedes superarlo? ¿Tus sentimientos son racionales? ¿O quizás estás exagerando? Ponte en el lugar de esa persona y piensa en cómo te sentirías tú si le hicieras eso. Sé absolutamente sincero. ¿Sigues sintiendo ese dolor?

_____

_____

_____

_____

_____

_____

_____

_____

_____

_____

_____

_____

_____

_____

_____

_____

_____

_____

_____

_____

_____

_____

_____

_____

_____

_____

_____

_____

_____

"La expectativa es la raíz de todo dolor" - William Shakespeare

Día 23

El vacío

¿Alguna vez te sentiste vacío por dentro? ¿Cómo si hubiera un agujero que no puedes llenar? ¿Por qué crees que es así? Reflexiona sobre los momentos en los que aparecen estos sentimientos e intenta analizar las situaciones. ¿Qué es lo que provoca que te sientas así? Ahora, escribe algunas estrategias saludables que creas que pueden hacerte sentir más completo. ¿Puedes empezar a aplicar algunas de ellas hoy mismo?

_____

_____

_____

_____

_____

_____

_____

_____

_____

_____

_____

_____

_____

_____

_____

_____

_____

_____

_____

_____

_____

_____

_____

_____

_____

_____

_____

_____

_____

_____

"Si quieres llenarte, permítete estar vacío" - Lao Tzu

Día 24

El fracaso

Trata de definir el fracaso. ¿Qué significa esta palabra para ti? ¿Por qué es tan terrible? ¿Alguna vez estuviste en una situación similar? Si no es así, imagina que fracasas delante de todo el mundo. Escribe entre tres y cinco cosas que crees que la gente pensaría de ti en esa situación. Ahora, escribe las mismas cosas que te gustaría que la gente pensara de ti después de fracasar.

_____

_____

_____

_____

_____

_____

_____

_____

_____

_____

_____

_____

_____

_____

_____

_____

_____

_____

_____

_____

_____

_____

_____

_____

_____

_____

_____

_____

_____

_____

_____

"Una persona que nunca cometió un error nunca intentó nada nuevo" - Albert Einstein

Día 25

El apoyo

¿Te sientes apoyado por tus seres queridos? Si no es así, explica por qué. ¿Siempre fue así? ¿Cómo te sentías de niño? ¿Podías contar con el apoyo de tus padres/cuidadores entonces? ¿Existe alguien en tu vida con quien puedas contar? Escríbelo, explicando cómo puedes contar con ellos. Recuerda que siempre tienes a alguien a tu lado, pase lo que pase. ¿Cómo te sientes al estar siempre protegido?

_____

_____

_____

_____

_____

_____

_____

_____

_____

_____

_____

_____

_____

_____

_____

_____

_____

_____

_____

_____

_____

_____

_____

_____

_____

_____

_____

_____

"Apóyate y el cielo te ayudará" - Proverbio senegalés

Día 26

La reacción exagerada

Todos exageramos a veces. Es simplemente nuestra sombra tratando de expresarse cuando no sabemos cómo hacerlo. Recuerda la última vez que reaccionaste de forma exagerada. ¿Por qué actuaste así? Explica aquí la situación y trata de identificar los pensamientos y creencias que lo provocaron. ¿Cómo te hizo sentir eso? Si reaccionaste de forma excesiva en una conversación con otro, ¿cómo crees que se sintió la otra persona? Imagina que hablas con ellos y trata de racionalizar la situación. ¿Qué dirías?

_____

_____

_____

_____

_____

_____

_____

_____

_____

_____

"Se sentía un mundo, pero probablemente no era nada" - Morrissey

Día 27

El rencor

¿Le guardas rencor a alguien? ¿Por qué? ¿Qué pasó para que te sientas así? Explica. Ahora, considera esta situación, pero desde el otro punto de vista. Piensa en ello desde el lugar de la persona a la que guardas rencor. ¿Sentirían lo mismo por ti? ¿Cómo te sentirías tú? ¿Te sentirías herido?

_____

_____

_____

_____

_____

_____

_____

_____

_____

_____

_____

"Guardar rencor es como dejar que alguien viva gratis en tu cabeza" - Desconocido

D	M	Y

Día 28

El conflicto

Cuando te encuentras en conflicto con alguien, ¿cómo reaccionas? ¿Los problemas te hacen sentir incómodo o te gusta decir lo que piensas y expresar tu opinión? Piensa en un conflicto reciente que hayas tenido con alguien. ¿Por qué ocurrió? ¿Cómo se resolvió? ¿Contribuiste a la solución? O ¿fuiste tú el obstinado?

_____

_____

_____

_____

_____

_____

_____

_____

_____

_____

_____

_____

_____

_____

_____

_____

_____

_____

_____

_____

_____

_____

_____

_____

_____

_____

_____

_____

_____

_____

_____

"Es más gratificante resolver un conflicto que disolver una relación" - Josh McDowell

Día 29

La prioridad

¿Cuáles son tus prioridades en la vida? Escribe las primeras cinco o siete cosas que te vengan a la cabeza. ¿Estás en esa lista? ¿Cuándo fue la última vez que te pusiste en primer lugar? ¿Practicas el autocuidado? Si la respuesta es más o menos, ¿cómo piensas que puedes mejorar esto? ¿Pondría eso en peligro tus otras prioridades? Intenta encontrar un horario, o una solución, donde te permitas ser importante. Porque lo eres.

_____

_____

_____

_____

_____

_____

_____

_____

_____

_____

_____

_____

_____

_____

_____

_____

_____

_____

_____

_____

_____

_____

_____

_____

_____

_____

_____

_____

"Hazte una prioridad. Llénate para poder dar más a los demás" - Oprah Winfrey

Día 30

El héroe

¿Cuál es tu idea de un héroe? ¿Tienes alguno (de la vida real, obviamente)? ¿Qué es lo que más admiras de ellos? ¿Por qué crees que les atribuyes estos rasgos tan positivos? ¿Posees algunos de esos rasgos? Si no es así, ¿puede ser que inconscientemente los desees? Trata de repasar cada una de estas características y escribe una frase sobre cómo puedes empezar a incorporarlas a tu propia historia. Si por ejemplo "valiente" estaba en la lista, puedes incorporarlo de la siguiente manera: " Finalmente podré compartir mi idea de trabajo con mi jefe sin miedo a que me rechace".

_____

_____

_____

_____

_____

_____

_____

_____

_____

_____

_____

_____

_____

_____

_____

_____

_____

_____

_____

_____

_____

_____

_____

_____

_____

_____

_____

_____

_____

_____

"Sé la clase de persona de la que tus héroes estarían orgullosos" - Desconocido

Día 31

Las promesas que cumplimos (y rompemos)

Piensa en una promesa que hayas hecho y que haya sido muy difícil de mantener, pero que de alguna manera hayas logrado cumplir. Ahora piensa en otra que hayas roto. ¿Por qué no pudiste mantener tu palabra como en el primer ejemplo? ¿Qué fue diferente esta vez? ¿Cómo se sintió la persona a la que decepcionaste? ¿Cómo te sentiste tú? ¿Hiciste todo lo posible por mantenerla? ¿Cambiarías algo ahora?

_____

_____

_____

_____

_____

_____

_____

_____

_____

_____

_____

_____

_____

_____

_____

_____

_____

_____

_____

_____

_____

_____

_____

_____

_____

_____

_____

_____

_____

_____

"Es malo romper una promesa, pero es aún peor dejar que una promesa te rompa" - Jennifer Donnely

Día 32

El pájaro enojado

¿Qué es lo que te hace enojar realmente? Piensa en ello. ¿Qué es lo que provoca tu malestar? Si no tienes una buena respuesta, entonces intenta explicar la última vez que te sentiste realmente molesto con algo o alguien. ¿Por qué te enojaste? Intenta escribir los pensamientos y emociones que experimentaste durante ese momento. Ahora, piensa en cómo te sentiste cuando pasó ese estallido. ¿Acaso no pudiste resolver las cosas con más calma y te sentiste así todo el tiempo?

_____

_____

_____

_____

_____

_____

_____

_____

_____

_____

_____

_____

_____

_____

_____

_____

_____

_____

_____

_____

_____

_____

_____

_____

_____

_____

_____

_____

_____

_____

_____

_____

"Por cada minuto que estás enojado, pierdes sesenta segundos de felicidad" - Ralph Waldo Emerson

D	M	Y

Día 33

Lo contenido

¿Sabes que siempre pensamos en las cosas correctas que decir cuando la pelea terminó? ¿Te sientes así a menudo? ¿No expresas tus sentimientos en el momento adecuado? Piensa en una situación en la que tus emociones hayan llegado con retraso al lugar donde se produjo la discusión. ¿Por qué crees que ocurrió eso? ¿Tenías miedo de compartirlas con otras personas? ¿Tenías miedo de ser malinterpretado?

_____

_____

_____

_____

_____

_____

_____

_____

_____

_____

_____

_____

_____

_____

_____

_____

_____

_____

_____

_____

_____

_____

_____

_____

_____

_____

_____

_____

_____

"Las cosas que no se dicen suelen gritar más fuerte por dentro" - Beau Taplin

D	M	Y

Día 34

La relación fallida

Piensa en una relación que fracasó en tu pasado y que te hizo mucho daño. Puede ser una pareja, un amigo o un familiar. ¿Por qué terminó? Puede doler, pero escribe sobre las cosas que hiciste mal en ese momento. ¿Lo harías de forma diferente ahora? ¿Seguiste adelante? La otra persona, ¿siguió adelante? Ahora, piensa en todo lo que aprendiste de ello. Comenta brevemente las relaciones sanas que hay ahora en tu vida.

_____

_____

_____

_____

_____

_____

_____

_____

_____

_____

_____

_____

_____

_____

_____

_____

_____

_____

_____

_____

_____

_____

_____

_____

_____

_____

_____

"Cada relación que fracasa es una oportunidad para crecer y aprender. Da las gracias y sigue adelante". - Desconocido

Día 35

El desgaste de energía

¿Alguna vez te concentraste en algo durante mucho tiempo y nunca viste resultados tangibles? Explica esa situación. ¿Por qué te dejaste absorber por un pensamiento que consume tanta energía? ¿Qué podrías ganar con la materialización de esta idea? ¿Hay alguna otra forma de hacerlo realidad? ¿Que podrías hacer que te diera resultados similares?

_____

_____

_____

_____

_____

_____

_____

_____

_____

_____

_____

"Esperar agota tu energía. Actuar crea energía". - Robert Kiyosaki

Día 36

El respeto

Pregúntate a ti mismo, y se honesto: ¿crees que la gente te respeta? Si es así, ¿quiénes son esas personas? ¿Por qué mereces su respeto? ¿Existen personas que no te consideran respetable? ¿Por qué crees que es así? Y finalmente, ¿te respetas a ti mismo? En caso de que no puedas responder a esto, plantéate si buscas constantemente validaciones en los demás. En caso afirmativo, piensa en lo que podrías hacer para sentirte más cómodo con tus decisiones y acciones.

_____

_____

_____

_____

_____

_____

_____

_____

_____

_____

_____

_____

_____

_____

_____

_____

_____

_____

_____

_____

_____

_____

_____

_____

_____

_____

_____

_____

_____

_____

_____

"Si quieres que te respeten, debes respetarte a ti mismo" - proverbio

Día 37

La carta de tu alter ego

Este es Brad Pitt llamando a Edward Norton. Tu sombra interior intenta ponerse en contacto con tu yo consciente. Déjalo. Escribe todas las cosas que tu sombra interior pueda tener acumuladas, como la ira, el miedo, la inseguridad, el dolor… Y después cambia de personalidad. Simula por un segundo que no tienes ninguna preocupación en el mundo. ¿Qué se siente? Trata de matar cada sentimiento negativo con algún calificativo de "no me importa". Al lado de "ira" escribe algo como "despreocupación" o cualquier otro adjetivo que te parezca adecuado. Sin duda es divertido, ¿no?

_____

_____

_____

_____

_____

_____

_____

_____

_____

_____

"Uno de los mejores sentimientos del mundo es cuando dejas de preocuparte por las cosas que te molestaban" - Desconocido

Conclusión

¡Felicitaciones! ¡Has conseguido atravesar la sombra! El viaje ha sido oscuro y lleno de obstáculos, aunque con la ayuda de la luz consciente que te orientó a lo largo del camino, por fin comprendiste por qué tu yo negativo está al acecho en la oscuridad.

Espero que hayas conseguido iluminar la penumbra interior con estos treinta y siete ejercicios de evocación de los propios demonios. Al igual que invocaste a ese enemigo cada día durante más de un mes, debes acostumbrarte a seguir desafiando a tu sombra a diario.

Puede que sea incómodo, o doloroso, pero recuerda que cualquier cosa confusa o aterradora que encuentres, en realidad no es la propia situación la que te da miedo. Se trata de un aspecto de ti mismo que ves en ella. Una oscura proyección de tu sombra. Y la única forma de combatirla es practicando el trabajo con la sombra. Como dijo Carl Jung, el trabajo de la sombra es el camino del guerrero del corazón.
¡Feliz autodescubrimiento!

Gracias

"La felicidad surge de hacer el bien y ayudar a los demás".
—-Platón

Los que ayudan a los demás sin ninguna expectativa a cambio, se sienten más satisfechos, alcanzan mayores niveles de éxito y viven más tiempo.

Quisiera generar la oportunidad para que lo hagas durante esta lectura. Para esto, tengo una pregunta muy simple... Si no te costara dinero, ¿ayudarías a alguien que nunca conociste, aunque no recibieras ningún crédito por ello? En ese caso, te quiero pedir un favor en nombre de alguien que no conoces y probablemente nunca conocerás. Ellos son como tú y yo, o quizás como tú eras hace unos años... Con menos experiencia, con ganas de ayudar al mundo, en busca de buena información, pero sin estar seguros dónde buscar... Aquí es donde puedes ayudar. En Dreamlifepress, el único modo de cumplir con nuestra misión de ayudar a la gente en su viaje de crecimiento espiritual es, primero, llegando a ellos. Y la mayor parte de la gente juzga un libro por sus reseñas. Así que, si este libro te pareció útil, ¿podrías tomarte un momento ahora mismo para dejar una reseña? No te costará nada y te llevará menos de sesenta segundos. Esto contribuirá a que un desconocido descubra este libro y se beneficie con él.

Una persona más encontrará la paz y la felicidad... una persona más podrá descubrir su pasión en la vida... otras personas experimentarán una transformación que de otro modo nunca habría ocurrido... Para hacerlo realidad, lo único que tienes que hacer es dejar una reseña. Si estás en formato audible, presiona los tres puntos en la parte superior derecha de tu pantalla, califica y deja tu reseña. Si has leído en formato de libro electrónico o en Kindle, desplázate hasta la parte inferior del libro, desliza el dedo hacia arriba y te pedirá una reseña. En caso de que esto no funcione, puedes ir a la página del libro en Amazon o en la tienda donde lo hayas comprado y escribir una reseña desde esa página.

P.D. - Si te sientes bien ayudando a un desconocido, eres mi clase de persona. Estoy emocionada de seguir ayudándote en tu viaje de crecimiento espiritual.

P.D.2 - Un pequeño consejo de vida: si le presentas algo valioso a alguien, ellos de forma natural asociarán ese valor a ti. Si piensas que este libro puede beneficiar a alguien que conoces, envíalo y haz el bien. De todo corazón, gracias.

Tu mayor fan - **Layla**